Programación cnc

Aprenda a programar un torno cnc en 3 dias

Ideal para principiantes

1. Los sistemas de coordenadas

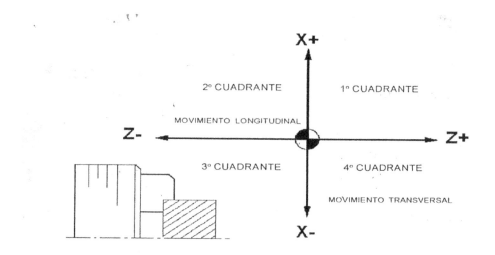

Toda la geometría de la pieza a trabajar se transfiere al control mediante un sistema de coordenadas cartesianas.

El sistema de coordenadas se define en el plano formado por la intersección de una línea paralela al movimiento longitudinal (Z), con una línea paralela al movimiento transversal (X). Cada movimiento de la punta de la herramienta se describe en el plano XZ en relación con

a un origen preestablecido (X0, Z0). Recuerde que X es siempre la medida del diámetro.

Nota. •

El signo positivo o negativo especificado en la dimensión a programar será dado por el cuadrante donde se ubica la herramienta.

Sistema de coordenadas absoluto

En este sistema, el origen se determinará en función del párrafo a ejecutar, es decir, se puede determinar en cualquier momento en el espacio, lo que facilita la programación. este

llamada al proceso \ ': Cero flotante \ ".

Como se muestra, el origen del sistema se fijó en los puntos XO, ZO. El punto X0 se define por la línea central del huso principal. El punto ZO estará definido por qué línea es perpendicular a la línea central del huso principal.

Durante la programación, el origen (XO, ZO) normalmente está preestablecido en la parte inferior de la sección (soporte de mordaza) o en la parte delantera de la sección, como se muestra en la imagen a continuación:

Sisma de coordenadas incrementales

despues de cada desplazamiento de la maquina ese punto se convierte en un nuevo cero .todas las medidas programadas serán la distancia entre ese puno y el nuevo punto.

Si la herramienta se tiene que desplazae del punto a al punto b.las coordenadas que programaremos serán las distancias ente a y b

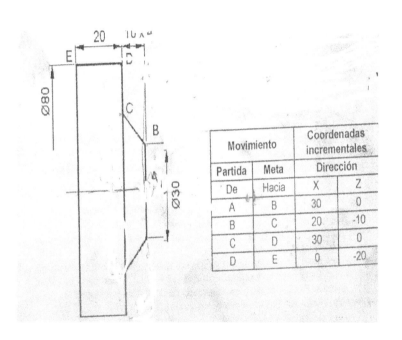

Movimiento		Coordenadas incrementales	
Partida	Meta	Dirección	
De	Hacia	X	Z
A	B	30	0
B	C	20	-10
C	D	30	0
D	E	0	-20

TIPOS DE FUNCIONES

Funciones de posicionamiento:

. Función X - Aplicación: Posición en el eje transversal (absoluto) Formato: X + - 5.0(mm)

Función Z - Aplicación: posición en el eje longitudinal (absoluto)

Formato: Z + - 5.0(mm)

Función U - Aplicación: desplazamiento en el eje transversal (incremental)

Formato: U + - 5.0 (mm)

Función W - Aplicación: Desplazamiento en el eje longitudinal (aumenta \ ')

Formato: W + - 5.0 (mm)

Funciones especiales:

F unción N - Aplicación: ¡número de secuencia! de bloques esc l numero que le suministramos a cada bloque

Cada bloque de información se identifica mediante la función "N ", seguida de hasta 4 dígitos, que el control envía automáticamente al programa, manteniendo un incremento de 10 en 10. Si el programador decide cambiar la numeración de un bloque determinado, el control asume los incrementos en relación con el cambio realizado.

Ejemplo: N15; N25; N35;

Función: O - Aplicación: identificación del programa

Cualquier programa o subprograma en la memoria del control se identifica mediante un número "O" único que consta de hasta 4 dígitos y puede variar en el rango de 0001 a 9999.

Función: Barra (/) - Aplicación: inhibe la ejecución de bloques.

La barra de funciones (/) se usa cuando es necesario inhibir la ejecución de bloques en el programa, sin cambiar la programación. Si se ingresa el carácter \ "1 \" delante de algunos bloques, el control los ignorará, si el operador ha elegido previamente la opción BORRAR BLOQUEO en el panel de control. Si no se seleccionó la opción BORRAR BLOQUE, el control ejecutará los bloques abruptamente, incluso aquellos que contengan el carácter /

Función: F

Generalmente en tornos CNC, se usa la velocidad de avance en mm / revolución, pero también se puede usar en mm / min. El avance es importante y se obtiene teniendo en cuenta el material, la herramienta y la operación a realizar.

Función: T

La función T se utiliza para seleccionar herramientas, informando a la máquina sobre su punto cero (PRE-SET), insertando el radio, la dirección de corte y las compensaciones: el código \ "T \" está programado, acompañado de un máximo de cuatro dígitos. Los primeros dos dígitos definen la ubicación de la herramienta en la torreta y su punto cero (PRE-SET), y los dos últimos dígitos definen el número de medidas de ajuste de inserción y el corrector de corrección de desgaste. Hay dos opciones para usar la función T determinada por el parámetro 5002.1 (LGN)

Hay que tener en cuenta que el radio del inserto r y la geometría del mismo se insertan en la pagina de geometría de la misma

FUNCIONES DE PREPARACIÓN: \ "G \"

Uso: este grupo de funciones define qué debe hacer la máquina, prepararla para realizar un tipo de operación o recibir información. Las funciones pueden ser MODALES o NO MODALES.

MODALES: Funciones que, cuando se programan, existen en la memoria del control y son válidas para todos los bloques posteriores, aunque pueden ser modificadas por otra función o por sí mismas.

NO MODAL: Funciones que se programarán cada vez que se requieran y que solo sean válidas en el bloque que las contiene.

. Función: GO - Uso: posicionamiento rápido. Los ejes se mueven hacia el objetivo programado, con la velocidad más alta disponible en la máquina. La función GO es modal y anula las funciones G1, G2, G3. NOTA: La operación rápida se mecaniza inicialmente a 45 ° hacia uno de los objetivos programados \ "X \" o \ "Z \" y luego se desplaz en un solo eje hasta el punto final deseado.

. Función: G1 - Uso: interpolación lineal. Esta característica permite movimientos rectilíneos en cualquier ángulo, calculados por coordenadas y con un avance (F) predeterminado por el programador. La función G1 es modal y anula las funciones GO, G2, G3.

Función: G2 y G3 - Uso: interpolación circular.

Tanto G2 como G3 realizan operaciones de mecanizado de arco predefinidas a través del movimiento correcto y simultáneo del eje. La función G02 o G03 requiere:

X (U) = posición final en x

Z (W) =posición final en z

I = coordenada central del arco (dirección)

K = coordenada central del arco (dirección)

R = valor del radio

(F) = valor de avance

Se deben seguir las siguientes reglas al programar un arco: El punto de inicio del arco es la posición de inicio de la herramienta. La dirección de interpolación circular (en sentido horario o antihorario) se programa mediante los códigos G02 o G03. Junto con la dirección de la interpolación, las coordenadas del punto final del arco se programan en X y Z o luego las funciones U y W que determinan un desplazamiento incremental.

Junto con la dirección del arco y las coordenadas finales, se programan las funciones I y K (las coordenadas del centro del arco), O, la función R (valor del radio).

Función: R - Uso: Arco definido por radio.

Es posible programar \ "interpolación circular \" hasta 180 grados usando la función R, siempre determine el valor del radio con un símbolo positivo.

. Función: \ "I \" y \ "K \" - Aplicación: Arco definido por centro polar.

Las funciones I y K definen la posición del centro del arco, donde: I es paralelo al eje X K es paralelo al eje Z.

Las funciones I y K se programan con referencia desde la distancia desde el punto de inicio de la herramienta hasta el centro del arco, dando el símbolo correspondiente al movimiento.

La función "I" debe programarse en la radio.

EJEMPLO

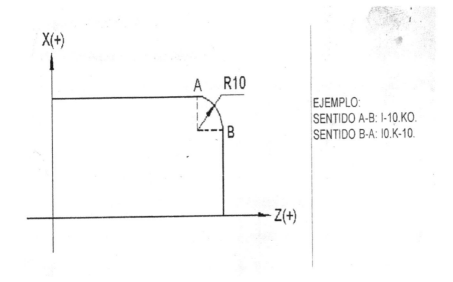

EJEMPLO:
SENTIDO A-B: I-10.KO.
SENTIDO B-A: I0.K-10.

El sentido del arco se define si el mismo es horario o antihorario

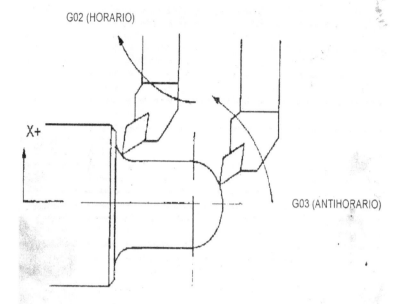

G02 (HORARIO)

X+

G03 (ANTIHORARIO)

EJEMPLO DE PROGRAMACIÓN

N30 G0 X21. Z81.;
N40 G1 Z80. F.25;
N50 X24. Z78.5;
N60 Z50.;
N70 G2 X44. Z40. R10.;
ó
N70 G2 X44. Z40. I10. K0.;
N80 G1 X50. Z25.;
N90 X74.;
N100 G3 X80. Z22. R3.;
ó
N100 G3 X80. Z22. I0. K-3.;
N110 G1 Z0.;

Funcion C,R Chaflan y redondeo de esquinas

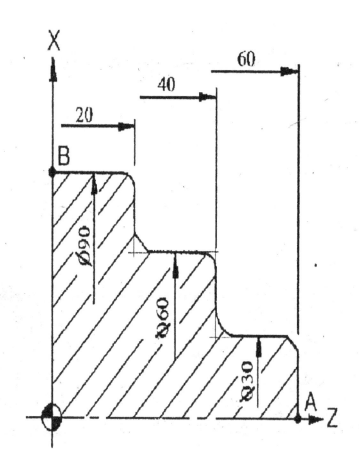

Un chaflan puede insertarse automáticamente entre dos movimientos lineales que formen angulos rectos

A partir de las funciones CoR en la línea o bloque que genera el primer segmento indicando el signo y la dimensión de chaflan o radio deseado

En este ejemplo tenemos chanfles y radios de 3mm

En las maquinas que tienen eje c la función de hacer el chaflan debe sustituirse por K ol

PERFIL EXTERIOR
A -------> B

```
N40  G01 X0 Z60. F.3;          N40  G01 X0 Z60 F.3 ;
N50  X30. C-3.;                N50  X30 K-3;
N60  Z40. R3.;                 N60  Z40 R3;
N70  X60. R-3.;                N70  X60 R-3;
N80  Z20. C3.;                 N80  Z20 I3;
N90  X90. R-3.;                N90  X90 R-3;
N100 Z0;                       N100 Z0 ;
```

B -------> A

```
N40  G01 X90. Z0 F.2;          N40  G0 X90 Z0 F.3 ;
N50  Z20. R-3.;                N50  Z20 R-3;
N60  X60. C3.;                 N60  X60 K3;
N70  Z40. R-3.;                N70  Z40 R-3;
N80  X30. R3.;                 N80  X30 R3;
N90  Z60. C-3.;                N90  Z60 I-3;
N100 X0;                       N100 X0 :
```

Función: G04 - Aplicación: Tiempo de detención (DWELL)

Entre un desplazamiento y otro de la herramienta, es posible programar un determinado tiempo de su detención. La función G4 ejecuta una detención, cuya duración está definida por un valor \"P\", \"U\" o \"X\" asociado, que define el tiempo en segundos.

La función G04 requiere: G04 (X) (U) (P) (X), (U), (P) = valor del tiempo en segundos EJEMPLO:TIEMPO DE 3 SEGUNDOS G04 X3; G04 U3; G04 P3000;

Función: G20 - Aplicación: Referencia unidad de medición - Pulgada

Función: G21 - Aplicación: Referencia unidad de medición - Metro.

Esta función prepara el control para computar todas las entradas de datos en milímetros. No se necesita programarse esta función, una vez que ella ya está activa cuando se conecta el control.

G76 - Uso: ciclo de roscado automático

La función G76 requiere: G76P (m) (s) (a) QR; donde:

m = el número de repeticiones de la última pasada

r = la longitud de la salida en ángulo del valor programado del hilo = [(paso r) x 10]

a ángulo de herramienta (() °, 29 °, 30 °, 55 ° y 60 °) R profundidad mínima de corte (radio / milésima de milímetro) profundidad para el paso final (radio / milésima de milímetro)

G76 X (U) Z (W) RP QF; donde

X= diámetro final del hilo (U) = distancia incremental desde el punto posicionado hasta el diámetro final del hilo (radio)

Z = longitud final del hilo (W) = la distancia aumenta! en el eje longitudinal del hilo cónico

R = valor cónico aumenta! eh \ "X \" eje (radio / negativo para exterior y positivo para interior) P = altura del hilo (radio / milésima milímetro) = profundidad del primer paso (radio / milésima milímetro) F = paso del hilo

ALTURA DEL FILETE: P = (0.65 x paso) P = (0.65 x 2) P = 1.3

Diámetro final = Diámetro inicial - (altura del filete x 2) Diámetro final = 25 - (1.3 x 2) Diámetro final = 22.4

Cálculo del número de pasadas \ "Q \": Q = \\ / N ° pasada

Nota: En este ejemplo, se calculan 11 pases. Q = 1.3 V11

Q = 0.392

N50 G00 X29. Z57. N60 G76 P010060 Q00 ROO: N70
G76 X22t41Z41. P1300 0392 F2

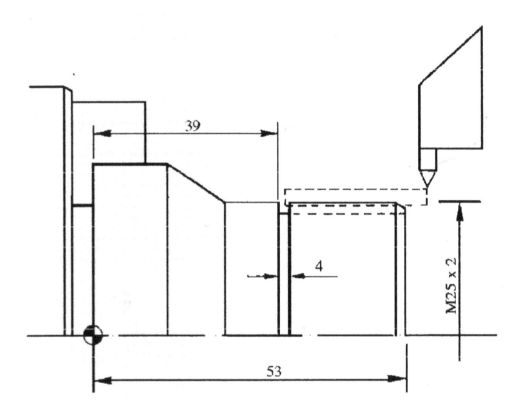

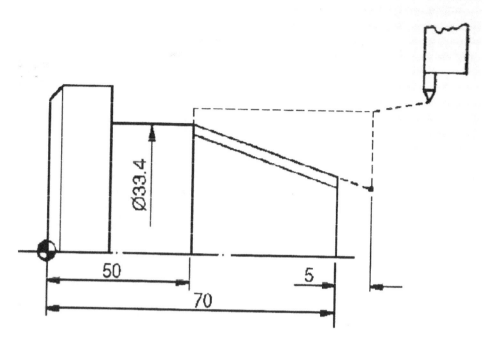

ROSCA CÓNICA:

Ejemplo de programación:

Rosca cónica de 11.5 hilos / pulgada NPT Inclinación:
1 grado 47 min

cálculos:

Paso: F = 25.4: 11.5 F = 2,209

Altura del archivo: P = (0.866 x 2.209) P = 1.913

Conversión de grado de pendiente: 1 grado 47 min = 1.78 grados

R = (cono gradual del eje "X"):

tg = CO CA.

tg 1.78 = R 25

R = 0.777

Diámetro final: Diámetro final = diám: inicial - (altura del filete x 2) Diámetro final = 33.4 - 3.826 Diámetro final = 29.574

CÁLCULO DEL NÚMERO DE PASADAS "Q":

Q=

Nota: En este ejemplo, cálculo para 16 pasadas.

Q = 1.913 / RAIZ CUADRADA 16

Q = 0.479

N50 GO X35. Z75.; N60 G76 P010000 Q00 R00; N70
G76 X29.574 Z50. P1913 Q479 R-0.777 F2.209;

Posición del inserto:

 - Cara de corte hacia arriba

 - Cara de corte hacia abajo

Asumir: (I) Izquierda
(D) Derecha

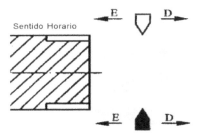

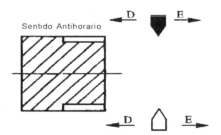

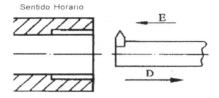

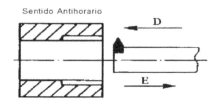

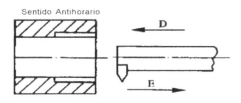

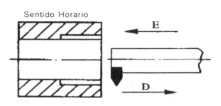

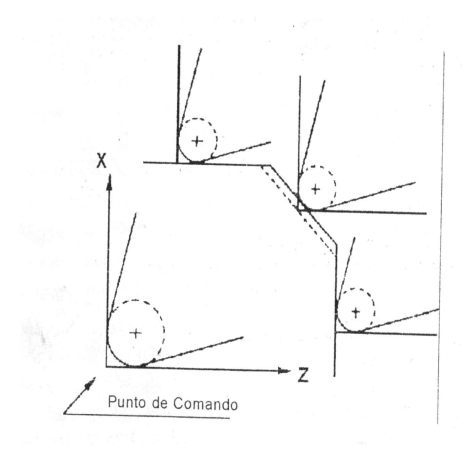

X

Z

Punto de Comando

G40 - Aplicación: cancelar la compensación de radio

La función G40 debe programarse para reemplazar las funciones solicitadas previamente, como G41 y G42. Esta función, cuando se solicita, puede usar el bloque trasero para descompensar el radio de inserción programado en la página \ "HERRAMIENTA GEOMETRÍA \", utilizando la alimentación de trabajo (G1). La función G40 es un código

modal y está activa cuando el control está conectado. El punto de comando para el trabajo está en el vértice de los ejes X y Z.

Función: G41 - Aplicación: activa la compensación de radio (izquierda)

La función G41 selecciona el valor de compensación para el radio de punta de la herramienta, ubicado a la izquierda de la pieza a mecanizar, en relación con la dirección de la carrera de corte. El radio de la herramienta y el lado de corte (código T) deben definirse en la página \ "Geometría de la herramienta \". La función G41 es modal, por lo que cancela la función G40.

Función: G42 - Aplicación: activa la compensación de radio (derecha)

Esta función realiza una compensación similar a la Función G41, excepto que la dirección de compensación está a la derecha, observada en relación con la dirección de la carrera de corte. La función G42 es modal y, por lo tanto, cancela la función G40. El radio de la herramienta y el lado de corte (código T) deben definirse en la página \ "Geometría de la herramienta \".

NOTAS: Durante la compensación de radio, las compensaciones programadas siempre deben ser mayores que el valor del radio de inserción. La herramienta no debe estar en contacto con el material a mecanizar cuando las funciones de compensación están activadas en el progra

CUADRANTE POSITIVO

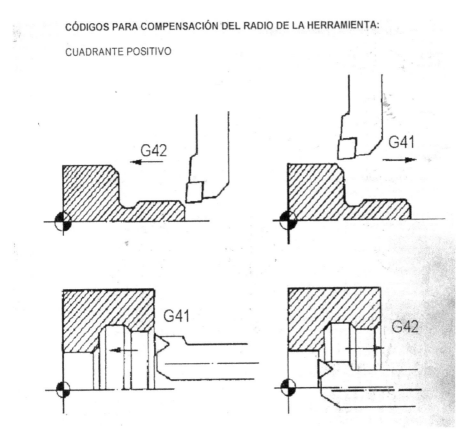

COMO COMPENSAR HERRAMIENTAS

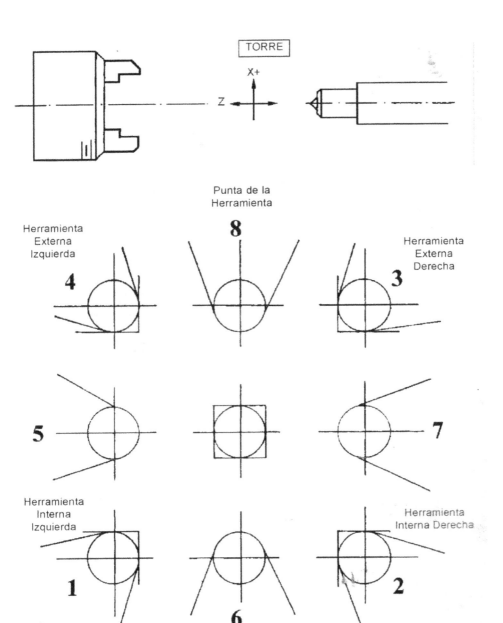

TORRE

X+

Z

Punta de la
Herramienta

8

Herramienta
Externa
Izquierda

4

Herramienta
Externa
Derecha

3

5

7

Herramienta
Interna
Izquierda

1

Herramienta
Interna Derecha

2

6

Función: \ 'G70 - Aplicación: ciclo de acabado.

Este ciclo se usa después de la aplicación de los ciclos de desbaste G71, G72 y G73, para terminar la pieza de trabajo sin la necesidad de repetir la secuencia completa del perfil a ejecutar. La función G70 requiere:

G70 P Q; donde: P = número del bloque que define el comienzo del perfil Q = número del bloque que define el final del perfil

Las funciones F, S y T especificadas en los bloques G71, G72 y G73 no tienen efecto, pero las especificadas entre los bloques de inicio de perfil (P) y final de perfil (Q) son válidas cuando se utiliza el código G70.

Nota: Después de ejecutar el ciclo G70, la herramienta vuelve automáticamente al punto utilizado para el posicionamiento.

Función: G71 - Aplicación: ciclo de desbaste longitudinal automático

La función G71 debe programarse en dos bloques posteriores, ya que los valores relacionados con la profundidad de corte y el grosor del acabado en los ejes transversales y longitudinales se informan mediante las funciones \ "U \" y \ "W \", respectivamente. La función G71 en el primer bloque requiere:

G71 UR; donde: U = valor de la profundidad de corte durante el ciclo (radio) R = valor de la distancia en el eje transversal para volver a la Z inicial (radio)

el-

La función G71 en el segundo bloque requiere:

G71 P Q ± U ± WF (S) (1); donde: P = número del bloque que define el comienzo del perfil Q = número del bloque que define el final del perfil U - = exceso de espesor para terminar en el eje \ "X \" (positivo para externo / negativo para interno / diámetro)

para el

W = exceso de espesor para terminar en el eje \ "Z \" (positivo para exceso de espesor a la derecha y negativo para mecanizado a la izquierda) F = avance de trabajo (S) = velocidad de corte o rotación (T) = definir el número de la herramienta de ejecución del ciclo

NOTAS: 1. Después de ejecutar el ciclo, la herramienta vuelve automáticamente al punto 1 que se utiliza para el posicionamiento. 2. La programación de la función \ "Z \" no está permitida en el primer bloque que define el perfil a mecanizar.

EJEMPLO DE MECANIZADO EXTERNO

EJEMPLO DE MECANIZADO INTERNO

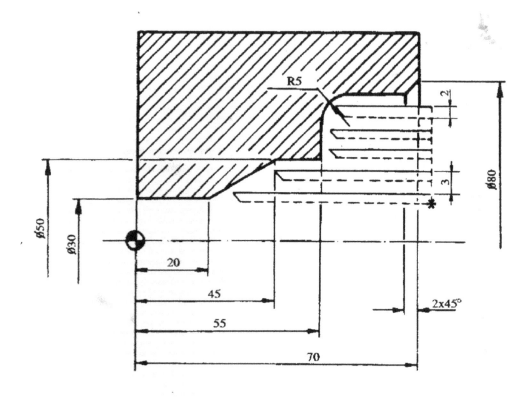

N50 G0 X30. Z72.;
N60 G71 U3. R2.;
N70 G71 P80 Q150 U-1. W.3 F.3;
N80 G0 X80.;
N90 G1 Z70. F.2;
N100 X76. Z68.;
N110 Z60.;
N120 G3 X66. Z55. R5.;
N130 G1 X50.;
N140 Z45.;
N150 X30. Z20.;
N160 G41;
N170 G70 P80 Q150;
N180 G40;
N190 G0 X_ _ _ _ Z_ _ _ _; (PUNTO DE CAMBIO)

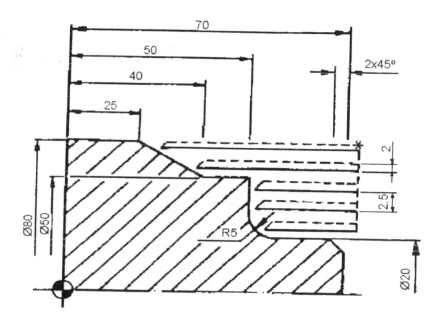

N40 G0 X80. Z72.;
N50 G71 U2.5 R2.;
N60 G71 P70 Q140 U1. W.3 F.25;
N70 G0 X16.;
N80 G1 Z70. F.2;
N90 X20. Z68.;
N100 Z55.;
N110 G2 X30. Z50. R5.;
N120 G1 X50.;
N130 Z40.;
N140 X80. Z25.;
N150 G42;
N160 G70 P70 Q140;
N170 G40;
N180 G0 X_ _ _ _ Z_ _ _ _ ; (PUNTO DE CAMBIO)

Función: G72 - Ciclo automático de mecanizado cruzado

La función G72 debe programarse en dos bloques sucesivos, ya que los valores relativos en la profundidad de corte y el grosor de acabado del eje longitudinal son :: llamados por la función "W". La función G72 en el primer bloque requiere:

G72 W yR;

donde: W = profundidad de corte durante el ciclo R = el valor de la distancia en el eje longitudinal para volver a la "X" inicial

La función G72 en el segundo bloque requiere:

G72 PQ ± U ± WF (S) (T); donde: P = número del bloque que define el comienzo del perfil = número del bloque que define el final del perfil

 U = exceso de espesor para terminar en el eje \ "X \" (positivo para externo o negativo para interno)

W = exceso de espesor para terminar en \ Eje "Z \" (positivo para exceso de grosor a la derecha del perfil o negativo para exceso de grosor a la izquierda del perfil)

F = velocidad de avance (S) = valor de corte o velocidad de giro

(T) = define el número de herramienta para la ejecución del ciclo

NOTAS: 1. Cuando se ejecuta el ciclo, la herramienta vuelve automáticamente al punto utilizado para el posicionamiento. 2. La programación de la función \ "X \" no está permitida en el primer bloque que define el perfil a procesar.

El programa se define de izquierda a derecha

Ejemplo de programa

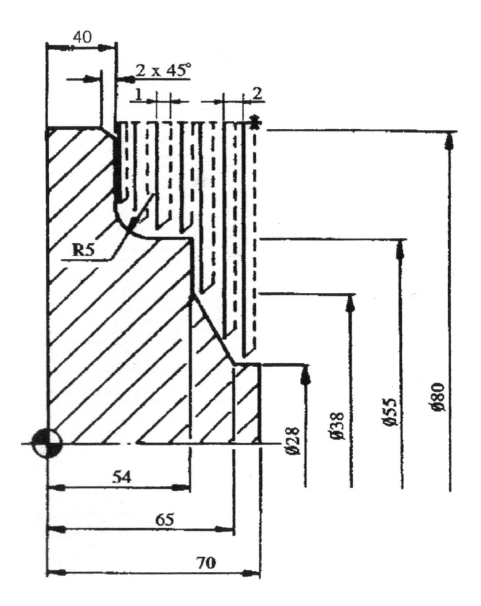

N30 GO X84. Z70.;

N40 G72 W2. R1.;

N50 G72 P60 Q140 U1. W.3 F.25;

N60 GO Z38.; N70 G1 X80. F.18; N80 X76. Z40.;

N90 X65.;

N100G3 X55. Z45. R5.;

N110G1 Z54.;

N120X38.;

N 130X28. Z65.;

N140Z70.;

N150G41,

N160G70 P60 Q140; N 170G40;

N180G0 X_ Z_____, (

G74 CICLO DE PERFORACION

Función: G74 - Uso: taladro / ciclo rotativo. Ciclo de rotación La función G74 como ciclo de perforación requiere: G74 R; G74 Z (W) QF;

 donde: R = retorno incremental por rotura de viruta en el ciclo de perforación

 Z = posición final (absoluta) (W) = valor de la longitud de corte (¡creciente!)

 Q = valor para el aumento del ciclo de perforación (miles de milímetros)) F = flujo de trabajo

NOTAS: • Después de ejecutar el ciclo la herramienta vuelve automáticamente al punto utilizado para el posicionamiento.

• Cuando el ciclo G74 se usa como un ciclo de agujereado, las funciones \ "X \" y \ "U \" no se pueden informar en el bloque.

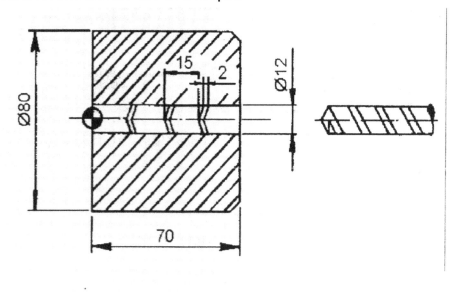

N50 G0 X0 Z75.;
N60 G74 R2.;
N70 G74 Z-4. Q15000 F.15;
N80 G0 X____ Z____; (PUNTO DE CAMBIO)

Ciclo de torneado. La función G74 como ciclo de torneado requiere: G74 X (U) Z (W) P Q R F; donde

x : diámetro final del mecanizado

u valor del material a eliminar en el eje transversal (radio) z valor final (absoluto) de la longitud de corte (incremental)

p profundidad de corte (radio / milésimas de milímetro) q longitud de corte (incremental / milésimas de milímetro)   R El valor de la distancia en el eje transversal (radio)

1. Para ejecutar el ciclo, la herramienta debe colocarse al diámetro de la primera pasada. 2. Después de ejecutar el ciclo, la herramienta vuelve automáticamente al punto utilizado para el posicionamiento.

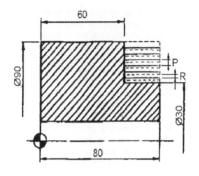

N50 G0 X84. Z82.;
N60 G74 X30. Z60. P3000 Q22000 R2. F.2

G75 CICLO DE CANALETAS

GO X75. Z67.;
G75 R2.;
G75 X60. Z25. P7500 Q14000 F.2;

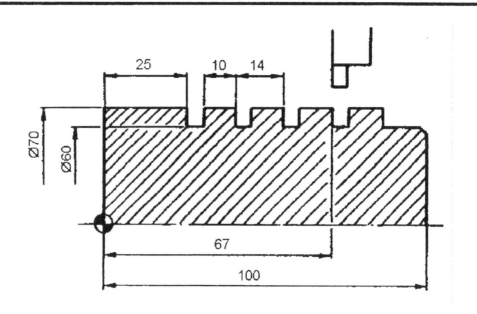

 Ciclo de canales La función G75 como ciclo de
canales requiere:

G75 R; donde: R = retorno incremental para quiebra
de virutas (radio)

G75 X(U) Z(W) P Q F; donde:

X = diámetro final del canal (U)= valor del material a quitarse en el eje transversal (radio)

Z = posición final (absoluto) (VV) = valor de la longitud de corte (incremental) P = incremento de corte (radio / milésimo de milímetro)

Q = distancia entre los canales (incremental / milésimo de milímetro) F = avance de trabajo

En este ciclo, los canales deberán ser equidistantes, a excepción del último.

NOTA: Después de la ejecución del ciclo, la herramienta retorna automáticamente al punto usado para el posicionamiento.

G79, como ciclo de frenteado cónico

,requiere: G79 X(U) Z(W) R F; donde

: X = diámetro final del refrentado

(U) = cantidad de material a quitar en el eje transversal (incremental)

Z = posición final (absoluto) (W) = distancia incrementa!

R = conicidad incremental (negativo para torneado externo e interno) F = avance de trabajo

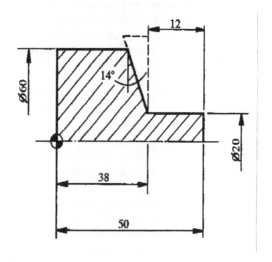

tg $= \dfrac{CO}{CA}$

CO $= tg\ 14 \times 22$

CO $= 0.2493 \times 22$

CO $= 5.485$

N50 G0 X64. Z55.485;
N60 G79 X20. Z52.485 R-5.485 F.15;
N70 Z49.485;
N80 Z46.485;
N90 Z43.485;
N100 Z40.485;
N110 Z38.;
N120 G0 X_ _ _ _ Z_ _ _ _; (PUNTO DE CAMBIO)

Función: G90 - Uso: sistema de coordenadas absoluto

Este código prepara la máquina para realizar operaciones en coordenadas absolutas, con un origen predeterminado para la programación. La función G90 es modal.

Función: G91 - Uso: sistema de coordenadas incrementales

Este código prepara la máquina para realizar todas las operaciones en coordenadas incrementales. Por lo tanto, todas las mediciones se realizan por la distancia a ejecutar. En este caso, el origen de las coordenadas para cualquier punto es el punto anterior al movimiento. La función G91 es modal.

. Función: G92 - Uso: Establecer límite de velocidad del husillo (RPM) / Establecer nuevo origen

Cuando se trabaja con el código G92 junto con S4 (4 dígitos), la rotación del husillo principal es limitada. Ejemplo: G92 S2500 M4; El husillo principal puede girar hasta 2500 rpm. La función G92 es modal.

Es un limite

.

Función: G28 - Uso: Devuelve ejes de referencia de la máquina

Para restablecer la herramienta al modo "referencia de máquina", debe programar: G28 UO WO;

Función: G94 - Uso: establece el avance x / minuto.

Esta función prepara el control para calcular todo el progreso en pulgadas / minutos (G20) o milímetros / minutos (G21). La función G94 es modal.

Función: G95 - Uso: Establecer x alimentación / giro:

Esta función prepara el control para calcular todos los flujos en pulgadas / vueltas (G20) o milímetros / vueltas (G21).

Función: G96 - Aplicación: Establece programación en velocidad de corte constante.

Con la función G96 se selecciona el modo de programación en velocidad de corte constante, y el cálculo de la RPM se programa por la función "S". La máxima RPM alcanzada por la velocidad de corte constante puede ser limitada a través de la programación de la función G92. La función G96 es Modal y anula la Función G97. Ejemplo:

N50 G96 S200; N60 G92 S3000 M3.

. Función: G97 - Aplicación: Establece programación en RPM

La RPM se programa directamente por la función S, usando un formato (S4). La RPM puede modificarse a través de las teclas de SPINDLE , de 50% hasta 120%

de la velocidad programada. La función G97 es Modal y anula la Función G96.

Ejemplo: N70 G97 S2500 m3

Función G84 ciclo de roscar con machos

Con este ciclo se puede abrir roscas con machos de dos maneras distintas, es decir, usando soporte flotante (standard) o soporte fijo (macho rígido - opcional). Para esto, se tiene:

G84 Z F, donde

Z = posición final de la rosca F = paso de la rosca

Con soporte fijo (Macho rígido)

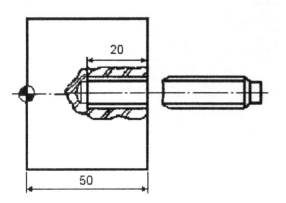

N100 M5 ;
N110 G0 X0 Z54 ;
N120 M29 S120 ;
N130 G84 Z30 F2 ;
N140 G80 ;

Con soporte flotante

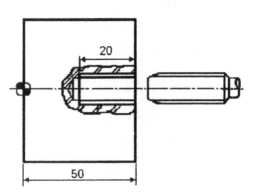

N100 G97 S120 M3 ;
N110 G0 X0 Z54 ;
N120 G84 Z30 F2 ;
N130 G80 ;

Nota final

En este libro podemos encontrar toda la información para programar un torno cnc a pie de maquina

Ya estamos realizando un libro con ejemplos resueltos